Hermann Bahr

LA NATURALEZA PROFUNDA

Traducción de Roberto Vivero

Ápeiron Ediciones

2025

Hermann Bahr

La naturaleza profunda

Un acto

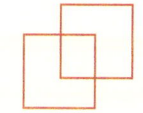

MÁSCARAS

1.ª edición, 2025

Hermann Bahr, *Die tiefe Natur*, en *Grotesken*,
Verlagsbuchhandlung Carl Konegen (Ernst Stülpnagel),
Viena, 1907, pp. 203-264

C/ Príncipe de Vergara, n.º 132, planta 9
28002 Madrid
Tfno.: (+34) 611 00 28 41
E-mail: info@apeironediciones.com
http://www.apeironediciones.com/

Diseño y maquetación: Ápeiron Ediciones
Imagen: Ernesto de Fiori, *Mädchenbildnis* (ca. 1928). Fuente:
Wikimedia Commons

Papel procedente de fuentes responsables

PEFC   FSC

ISBN: 979-13-990486-7-4
Depósito legal: M-13855-2025

En memoria de mi querido Anatol

Personajes

Erwin Reß
Leo Linser
Helene Drach
Johann

Apartamento de Erwin Reß. Al fondo, ventana grande que da a un jardín. Delante de esta, escritorio con sillas. En la pared de la derecha, una chimenea, empotrada en la pared, con estanterías; delante, cómodos sillones de cuero y una mesa pequeña y estrecha. En la pared de la izquierda, al fondo, una pequeña puerta que da al dormitorio de Erwin; delante, una puerta más grade que da al pasillo; entre las puertas, un aparador.

Johann
(criado; ha entrado para comunicarle algo y espera en la primera puerta de la izquierda.)

Erwin
(joven elegante; guapo, ágil, de carácter un poco más vivo de lo que suelen ser nuestros muchachos apuestos; ha estado leyendo, sentado junto a la chimenea, y ahora deja el periódico de la tarde y se levanta.)
Hágale pasar. Y, Johann, ¿se ha encargado de todo lo demás?

Johann
Por supuesto.

Erwin
Entonces, por hoy ya no te necesito más. Disfruta y *(sonriendo)* no vuelva a casa demasiado pronto.

Johann

(con sonrisa pícara)

¡Así lo haremos, señor! *(Sale por la primera puerta de la izquierda, que deja abierta para que entre Leo.)*

Erwin

(va al escritorio y saca una llave del cajón.)

Leo

(joven médico; alto, flaco, un poco encorvado; rostro nervioso, ajado, pálido; ojos inquietos, pequeños y cansados; pelo corto, rubio rojizo, que ya empieza a caerse; perilla fina y rojiza; sin elegancia, con ropa demasiado holgada; torpe, con movimientos apresurados, como asustado; tiene la constante necesidad de ocupar sus manos con algo, con sus quevedos, un lápiz o la cadena del reloj; entra por la primera puerta de la izquierda, que cierra tras de sí.)

Hola.

Erwin

Siempre puntual. Aún tenemos una media hora. *(Cómicamente solemne.)* Aquí está la llave del cielo.

Leo

No. No vengo…

Erwin

(lo interrumpe.)

Por nuestra apuesta, sino para soltarme un sermón. Ya lo sé.

Leo
(avergonzado.)

Querido Erwin, mira…

Erwin

Naturalmente, hoy eres un cobarde.

Leo

Yo no…

Erwin
(rápidamente.)

¿Qué, si no?

Leo

Me parece deleznable…

Erwin
(encogiéndose de hombros.)

¿Por qué?

Leo

¿Qué te ha hecho la muchacha?

Erwin

No le des más vueltas al asunto.

Leo

Si tienes algún motivo para romper con ella…

Erwin
(interrumpiéndolo.)

No.

Leo
(a pesar de la interrupción.)
… entonces hazlo honestamente, sin tenderle una trampa.

Erwin

¡Ajá! Así que admites que…

Leo

No. Solo quiero decir…

Erwin

Ayer juraste… que era imposible que ella…

Leo

Lo es. ¡Pero al menos…! No se hacen experimentos con humanos.

Erwin

Yo sí. Me encantaría. No hay nada más divertido. Por cierto, es por tu culpa.

Leo
(horrorizado y a la defensiva.)

¿Mía?

Erwin

Recuerda, por favor. Estamos sentados y jugamos a las cartas. Yo gano. Por primera vez desde hace catorce días. De repente, dices con tu melancólica voz de barítono: «¡Erwin, no te olvides, son casi las seis!». Naturalmente, me enfurezco. ¡Levantarme en medio de la mejor de las suertes porque en casa espera una chica! Y saco la llave del bolsillo y te digo: «¿Serías tan amable de sustituirme hoy?». Los otros se ríen, bromean y... naturalmente, después de media hora me habría ido de todos modos. ¡Pero tú debías tener tu ataque de moralidad! Otra vez.

Leo

Pero fue una vileza por tu parte. ¡Cuando se conoce a la muchacha!

Erwin

¿Y cuál fue la consecuencia?

Leo

Te pusiste muy grosero.

Erwin

¡Porque tú te pusiste trágico! «¡Eso significa destruir a una muchacha, eso es asesinar su alma!». Ya sabes que no soporto el tono grandilocuente. Así que empezamos a discutir... ¿Y el resultado? Max se ofendió porque se echó a perder la partida... y gritos, y cuando miré el reloj, eran las nueve y media... Y la pobre Helene, que había esperado aquí durante tres horas, me escribió una carta profundamente dolida... y toda la noche quedó arruinada. Por tu culpa. *(Petulante.)* Y me lo vas a pagar. Tienes que seguir con la apuesta. No te queda más remedio que reconocer que tengo razón. También como amigo me veo obligado a educarte un poco. De lo contrario, estás perdido.

Leo
(moviendo la cabeza.)
¡Amigo!

Erwin
(levanta la vista, sorprendido ante el tono de Leo.)
¿No lo soy?

Leo
(sonriendo.)
Creo que sí. Solo que suena raro cuando dices ese tipo de palabras: amigo… ¡o amor!

Erwin
(encogiéndose de hombros.)
Simplemente, porque no tengo el tono clásico. No. Gracias.

Leo
(se sienta junto a la chimenea.)
¿Pero podrías… solo dos minutos… por una vez ser honesto conmigo?

Erwin
(riendo.)

¿Acaso soy un mentiroso?

Leo

No, tú nunca mientes… Pero nunca dices la verdad…

Erwin
(riendo.)

¡Oh!

Leo

Lo digo completamente en serio.

Erwin
(irónico.)

Tú todo lo dices en serio.

Leo

Tú nunca mientes, te dejarías quemar o crucificar por cada palabra, ahora mismo, porque siempre ves el mundo exactamente como mejor te conviene. Eso es un talento.

Erwin
(alegremente.)

Eso es muy agradable.

Leo

Para ti.

Erwin
Los demás solo tienen que imitarme.

Leo
Pero, con todo, eres de una singular sinceridad. O sea, si has dicho algo porque te conviene, lo sigues creyendo incluso cuando ya no es necesario.

Erwin
(alegremente, burlón.)
Ni a tus cadáveres los diseccionarás tan bien.

Leo
(prosiguiendo, sin dejarse interrumpir.)
Como, por ejemplo, ahora estás convencido de que este experimento es necesario.

Erwin
(encogiéndose de hombros.)
Necesario… Me divierte.

Leo
No. Hasta ayer a las seis no habías pensado en eso. Quizá te habría indignado… semejante desvergüenza. Pero entonces, solo para dejarnos boquiabiertos, se te ocurrió. Solo para hacerte dueño de la situación. Para deslumbrarnos.

Erwin
(divertido.)

¿Soy así?

Leo

Y ahora… te engañas a ti mismo. Ya nos has asombrado, la situación está controlada, has quedado fabulosamente… ¿Qué más quieres? Pero no. Ahora, de repente, se muestra el pedante que eres. Ahora hay que hacerlo. *(Seco.)* Por eso estoy aquí. Cuando hoy llegó tu carta, mi primer impulso fue sencillamente excusarme. Pero entonces harías tu experimento con Max o con cualquier otro.

Erwin

Y eso no se lo concedes.

Leo

Porque ahora ya no cederás: tiene que hacerse tu experimento. Te conozco.

Erwin

Tan bien, que me ves de manera completamente equivocada.

Leo

Seguro que no.

Erwin
(rápido, serio.)
Ahora voy a decirte algo, señor psicólogo. Sí: hasta ayer a las
seis no se me había ocurrido. Y después fue solo una estúpida
broma. Tú pusiste tus ojos sentimentales y yo me puse de los
nervios. Así que, para fastidiarte, solté: «¡Aquí está la llave, por
favor, ve, consuélala, sed felices!». Y porque sé que estás loca-
mente enamorado de la chica.

Leo
(cohibido, rápidamente.)
Ni se me pasa por la cabeza.

Erwin
Como con todas las que han estado conmigo. Siempre necesi-
tas a alguien que te prefiera a ti. *(Cambiando de tono.)* Así em-
pezó todo. ¡Para fastidiarte un poco! Y ahora tus disparatadas
exageraciones: «¡Estás matando a la muchacha!». Yo, naturalmente: «Al contrario, para ella será un placer... ¡por una vez,
un cambio!». Por lo tanto, tienes razón, solo fue para hacerme
dueño de la situación. Pero, entonces... *(Se interrumpe y se
aleja de Leo.)*

Leo
(tras una pequeña pausa.)
¿Entonces? Estoy deseando oírte.

Erwin

Solo para demostrarte qué poco me conoces. *(Lentamente, enfatizando cada palabra.)* Entonces tuve de repente… una extraña sensación. Y me duró toda la noche. También aquí… cuando regresé a casa y encontré su carta. *(Cambiando de tono.)* Así que vas a reírte de mí porque no me crees capaz de eso. Pero deberías ver que a veces puedo soportar no ser el ganador.

Leo

¿Qué sensación… tuviste?

Erwin
(lentamente, en voz baja.)

Casi un poco de miedo… de que podría ganar la apuesta. Miedo… por Helene. E imaginarme eso me resultó insoportable: tú con ella… solos, aquí… y quizá… *(Respira profundamente; a continuación, en otro tono.)* ¡Y otras tonterías por el estilo! Y naturalmente… Bueno, ya es hora. Fin. Suena la campana. Se apaga. Aún me falta eso. No. Y por eso tienes toda la razón: hay que hacer el experimento, la apuesta está hecha… Contigo o con Max o con… cualquier otro. Para demostrarme, a mí, que la muchacha es… como son las muchachas. *(Rápidamente, enfadado.)* O no, no es así, porque ya sé, sin necesidad de pruebas… Sino que quiero probarme que no soy un sentimental, que *(con un gesto de contención)* me domino, que soy más fuerte que… que aquella extraña y tonta sensación.

Leo

No puedes soportar que haya en ti algo más fuerte que tu ingenio. Pero eso solo es, de nuevo, querer ser dueño de la situación, deslumbrar…

Erwin
(impaciente)

¡Déjalo! Eso no encaja conmigo. *(Con un pensamiento repentino.)* Eso es más bien cosa de Helene. Un poco. Sí.

Leo
(pensativo)

Nunca me había dado cuenta.

Erwin

¡Y de qué manera! Sabe adaptarse a cualquier estado de ánimo. Cuando lo pienso, entonces, la primera vez…

Leo

¿En la ópera?

Erwin

Sí, después de *Fígaro*. Completamente a tono con el estilo de la velada: rococó, muchacha que no desdeña la aventura. Después, al día siguiente, en la primera cita, mucho más discreta: coqueteo en el Volksgarten. Siempre encaja en el entorno. Voy con ella a Laxenburg y está entusiasmada; a Stelzer, y puedes hacer todo lo que quieras. Mimetismo. *(Enfadado.)* Y, naturalmente, aquí, al atardecer, tomando el té, fue haciéndose cada vez más hogareña. ¡Carácter! ¡Alemán! Y yo, casi… ¡Tan tontos somos! No. Ya es hora.

Leo

Y por eso, porque es amable contigo, porque te alegra la vida…

Erwin
(encogiéndose de hombros tras la última frase de Leo.)
Dios.

Leo

… y como notas lo bien que te hace, por eso quieres… ¿¡romper!?

Erwin

No estoy pensando en eso.

Leo

¿Pero quieres…?

Erwin
(rápidamente.)
Quiero… nuestra apuesta. Después ya veremos.

Leo

Pase lo que pase, la perderás.

Erwin
(sonriendo.)

¿La apuesta?

Leo
(serio.)

A Helene.

Erwin

¿Por qué?

Leo

Es obvio.

Erwin

No. Yo me marcho, tú te quedas, ella viene. Ella se asombra de verte, pregunta por mí. Tú lo lamentas: «Es una lástima… Me pide que lo disculpes, me ha enviado a mí, me ha dado la llave…». O como tú quieras. Y entonces se verá… quién tiene razón. O yo: está un poco ofendida, se enfurece, me maldice y… deja que la consueles. ¡Fantástico! Yo gano la apuesta y *(enfático)* me libero de esa extraña y estúpida sensación que no me conviene. Pasamos dos días enfadados; de ti no hay nada más que temer. Al tercer día nos reconciliamos, perdono, gran y hermosa escena conmovedora, lo que siempre tiene un atractivo erótico, y… y la relación, gracias a Dios, vuelve a ser un poco menos alemana.

Leo

¿O?

Erwin

O... tú tienes razón: se horroriza, la experiencia la *(irónico)* «mata»... Pero, bueno, tú eres médico, así que tampoco pasará gran cosa...

Leo

¿Y?

Erwin

Sí, Leo, entonces ¡me «ama»! Entonces ese sería el gran amor... que todo lo perdona, ¿no? Entonces será feliz cuando mañana le diga que todo fue una broma, una prueba, una apuesta...

Leo

¿Tú crees?

Erwin

Por supuesto. ¿Qué si no podría suceder?

Leo

¿Y tú sensación? ¿La extraña sensación? ¿La «estúpida» sensación de la que te quieres curar? ¿Cómo reaccionará?

Erwin
(tras pensar un momento.)
Sí, eso... Eso podría enfadarse.

Leo

(se pone de pie y va hacia la izquierda; lentamente.)
Porque entonces… cuando vieses, cuando tuvieses la prueba
de que realmente te *(enfatizando la siguiente palabra)* ama…

Erwin

(riendo.)
¡Pero no! ¡Estás fantaseando! Tú ves a Helene de una manera
muy diferente…

Leo

Su manera de ser me parece muy hermosa.

Erwin

Sí. Pero crees que ella es… *(con tono irónico)* una naturaleza
profunda.

Leo

(reflexivo.)
Considero que casi todas las mujeres lo son.

Erwin

(riendo.)
Sí.

Leo

He pensado con frecuencia sobre eso. Para mí, son fisiológi-
camente algo misterioso, están más cerca que nosotros de la

esencia primordial del mundo, unidas de manera más estrecha al enigma de la existencia…

Erwin
(riendo y haciendo como si quisiera despertarlo.)
¡Leo, Leo!

Leo
Y comparadas con nosotros, creo que realmente son la naturaleza profunda.

Erwin
(divertido.)
Pobre hombre. Esta es tu mala suerte, porque así siempre tendrás su confianza y siempre dirán: «¡Este hombre nos entiende!». Pero eso, querido Leo, también debería bastarte. Nada más. Díselo a Helene. Te respetará inmensamente.

Leo
Hay profesores que les dicen a los niños tantas veces que son vagos e inútiles que al final se convierten en eso. Así son los hombres como tú.

Erwin
Y hay profesores que tienen una empedernida fe en los niños. La gente se ríe y se burla de ellos a sus espaldas. Así eres tú.

Leo
Lo prefiero.

Erwin

Cuestión de gustos. *(Mira el reloj.)* Tienes que casarte. El matrimonio es para hombres así. Los hace felices. *(Coge la llave que había puesto sobre la mesa pequeña y la vuelve a dejar.)* Pero ya es hora. La llave te legitima, he despachado a Johann, yo me voy *(señalando la segunda puerta pequeña de la izquierda)* por la otra escalera. *(Divertido.)* Que lo pases bien. *(Se acerca a él y le tiende la mano.)*

Leo

(ha estado caminando arriba y abajo, ahora se detiene delante de Erwin, toma, vacilante, su mano y lo mira, indeciso; lentamente.)

¡Erwin! Tengo… tengo mala conciencia.

Erwin

(señala al aparador de la izquierda.)

Ahí está el coñac.

Leo

Me parece horrible jugar con una persona… como si fuese un títere.

Erwin

Entonces se lo puedo pedir a Max. Él no se rompe tanto la cabeza.

Leo

Y solo porque creo que es bueno para ti, porque quizá puede curarte…

Erwin

Eso espero.

Leo

No. No como tú piensas, sino…

Erwin

¿Sino que debería convertirme? ¿A la fe… en la mujer? ¿En la naturaleza profunda? Por favor, demuéstralo. Lo veremos. Adiós. *(Sale por la segunda puerta pequeña de la izquierda.)*

Leo
(durante un momento se queda pensativo, ligeramente inclinado hacia delante, mientras mira a Erwin; a continuación, con las manos detrás de la espalda, vuelve a caminar lentamente de un lado a otro.)

Erwin
(vuelve a abrir la segunda puerta pequeña de la izquierda, con el sombrero puesto, el bastón en la mano y un cigarrillo en la boca; se queda en el umbral y, sonriendo, mira a Leo.)
¿Sabes? Se me ocurre que… Pero eso sería demasiado grosero. Me encantaría observarte. Tiene que ser divertido ver cómo te las arreglas. Desde luego, no es tu especialidad.

Leo
(enérgico.)
No, Erwin, te lo advierto, si tú…

Erwin
(sonriendo.)
Tranquilízate. Entiendo que tienes que sentirte con total libertad. No te preocupes: me voy a mi partida. ¡Aaah! Por fin poder jugar por una vez agradablemente, sin el continuo: «¡Llegas tarde, ella está esperando!». ¡Ser libre, libre! ¡Aaah! No, no se puede… *(con un tono irónico)* amar. O solo una vez. La segunda vez empieza la sensación… y, entonces… adiós, adiós a la hermosa libertad. No, eso no es para mí. Soy un hombre hecho para la libertad. Como a diario a la una porque a la una en punto tengo hambre. Pero cuando me invitan, cuando tendría, cuando debería comer a la una… no, el hambre se me pasa. Esa es la fatalidad del amor… Deberías, debes. Pero mi apetito no se deja controlar. *(Le hace un breve gesto a Leo.)* Adiós. Tú… tú lo tienes fácil. Pase lo que pase, ganarás. O la apuesta o a Helene… *(con tono irónico)* quien desde hace tiempo ya ha conquistado tu corazón.

Leo
(molesto, cohibido, breve.)
Eres un loco.

Erwin

Tengo curiosidad. Adiós. *(Sale por la izquierda; la segunda puerta pequeña de la izquierda queda abierta; se oye cómo, fuera, cierra una puerta.)*

Leo

Adiós. *(Sigue a Erwin con la mirada; cuando oye que cierra la puerta de fuera, él también cierra la segunda puerta pequeña de la izquierda; a continuación se acerca a la ventana, mira hacia afuera durante un momento, va hacia el escritorio y se sienta.)*

Helene

(entra por la primera puerta de la izquierda; veintitrés años; graciosa, delicada; rubia, delgada; rostro nervioso, pálido, desdibujado; ojos grandes, azules y seguros; vestida con gusto pero de manera muy sencilla; entra rápidamente y, buscando a Erwin, al principio mira hacia los sillones junto a la chimenea; a continuación, mientras se quita el sombrero y lo deja en la repisa de la chimenea, pregunta sin darse la vuelta)

Erwin, ¿estás ahí?

Leo

(se ha levantado; cohibido.)

Querida señorita…

Helene

(un poco sorprendida, breve, con desenvoltura.)

¡Usted! ¿Es usted, Leo? ¿Cómo está?

Leo
(se acerca lentamente a ella.)
Bien, gracias. ¿Y usted?

Helene
¿Yo? Estupendamente. Es un poco aburrido practicar con los niños todos los días durante siete horas escalas o la oración de la Virgen, todos los días desde las nueve hasta las cuatro, ¡imagínese! Pero no puedo evitarlo, la vida me parece maravillosa, con todo… Pasan muchas cosas, ¿no es eso lo que importa?

Leo
Depende de lo que pase.

Helene
Oh, no. Lo hermoso es todo el tumulto y el bullicio, el caos de la vida y no saber nunca que pasará mañana. Erwin siempre se ríe de mí, pero, de verdad, por las noches, cuando me quedo dormida, ya medio en sueños, pienso: ¡mañana será otro día! ¡Qué misterioso suena eso: mañana! ¡Qué prometedor! Mañana… volverá a abrirse la puerta y entrará… ¿quién, qué? ¿La felicidad? ¿La miseria? ¿Quién lo sabe? Y en realidad da igual. Pero la puerta vuelve a abrirse y entra… la vida con su gran saco de secretos al hombro. Cuando se tiene eso, esta sensación de la vida tentadora, que hace señas y susurra, entonces uno vuelve a sentarse de buena gana en silencio con los niños y deja que recen a la Virgen. *(Cambiando de tono, casi preguntando, señalando a la segunda puerta pequeña de la izquierda.)* ¿Está Erwin ahí dentro?

Leo
(cohibido, con dificultad.)
No. Erwin me ha pedido que…

Helene
(inquieta, con algo de miedo.)
¿Qué le pasa?

Leo
(tranquilizador.)
Nada. Solo que hoy no puede…

Helene
(con creciente miedo.)
¡Leo, no me mienta! Nunca ha…

Leo
No, no. Escuche…

Helene
(con creciente vehemencia.)
¿Qué ha pasado? Un… *(Grita mientras se lleva las manos al corazón.)* ¡Ah! ¡Un… duelo! (Se tambalea y tiene que agarrarse al sillón.)*

Leo
(se acerca a ella y la coge.)
¡Helene! No. Le juro… *(La ayuda a sentarse en el sillón.)*

Helene

(se hunde en el sillón y respira con dificultad con la mano contra el corazón.)

Hhha. Hhha. Hhha. Me ha asustado.

Leo

(va al aparador de la izquierda.)

Le daré…

Helene

(le coge fuertemente la mano.)

No. Ya ha pasado… Pero, dígame, dígame de una vez… *(Lo mira suplicante.)*

Leo

(con tono ligero.)

Erwin no puede venir hoy. Está en la oficina. Por un asunto importante, no sé cuál.

Helene

(con desconfianza.)

¿Ahora? ¿Por la tarde?

Leo

Algo urgente del Ministerio.

Helene
(incorporándose a medias, con una mirada desconfiada e indagadora.)
¡Júremelo!

Leo
(con tono ligero y tranquilizador.)
Se lo juro.

Helene
(le tiende la mano.)
Usted… ¿me da su palabra?

Leo
Yo… le doy mi palabra de que Erwin no está en un duelo ni en ningún otro peligro, y que… está cómodamente sentado, probablemente pensando en usted.

Helene
¿Palabra?

Leo
(le da la mano.)
Palabra.

Helene
(cambiando de tono, ligeramente molesta.)
Nunca había sucedido que después de las tres…

Leo

¡El nuevo jefe!

Helene

(con desprecio.)
¡Y quiere quedar bien! ¡El muy trepa! Naturalmente, eso es más importante. Así son todos ustedes.

Leo

Al fin y al cabo, cada uno tiene su trabajo.

Helene

(acalorada.)
Pero también se tienen cinco minutos para escribir cortésmente: «Querida, perdona, de repente tengo que…». ¡Pero no! Estas no son maneras. *(Cambiando de tono mientras va hacia el aparador.)* Lo que, por lo demás, no deberíamos dejar que nos ponga de mal humor. Tome un magnífico té. *(Abre el aparador y prepara el té.)*

Leo

No sabía que la pasión fuese tan formal. *(Se sienta a la derecha de la chimenea.)*

Helene

(encogiéndose de hombros, con tono ligero.)
Pasión.

Leo

Pero usted ama a Erwin.

Helene
(ocupada con el té; con tono ligero.)
Todo se lo imagina de manera romántica.

Leo

Su miedo de hace cinco minutos…

Helene

Naturalmente, uno se asusta cuando cree que hay disparos y puñaladas. Pero eso no te convierte en una Käthchen von Heilbronn. ¿Y eso es lo que más o menos piensa usted? Probablemente Erwin le ha contado…

Leo
(interrumpiendo.)
Pienso que lo quiere mucho.

Helene
(buscando las cerillas.)
¿Dónde están…?

Leo
(se da cuenta de que busca las cerillas y le da las suyas.)

Helene

(coge sus cerillas.)

Gracias. *(Enciende una.)* Sí. Lo quiero mucho. Y es todo muy bonito. Quizá precisamente porque no es muy tempestuoso. No estamos en las nubes. Nos mantenemos tranquilamente con los pies en la tierra. Es más seguro. Naturalmente, Erwin querría... Sois todos iguales, queréis volar. Pero no. Conmigo, no. *(Con cierta afectación, pero con un toque de ironía.)* Soy una chica moderna. Conozco la vida.

Leo

(sonriendo.)

También él está muy orgulloso de eso.

Helene

Sí. También la conoce. Pero con una diferencia: él tiene dinero; yo tuve que ganarlo desde los quince años. Conocemos la vida. Pero cada uno, una diferente. Yo no tengo ilusiones, esa es mi fuerza.

Leo

Él tampoco.

Helene

Oh, sí. Sobre sí mismo. Y esas son mucho más peligrosas.

Leo

Probablemente todos las tengan.

Helene

Yo, no.

Leo
(sonriendo.)

¿No?

Helene

Ni rastro. Gracias a Dios, sé perfectamente lo inútil que soy. *(Divertida.)* Pero no se lo diga a nadie.

Leo
(divertido.)

Tampoco me creerían.

Helene

No es el caso de Erwin.

Leo

¿Quién sabe?

Helene

Seguro que no. Me subestima. *(Lleva dos tazas a la mesa pequeña de la derecha.)* Más bien, piensa que soy una… dulce ovejita. Está bien así. Debería pensarlo. Debe hacerlo. *(Con tono aleccionador.)* Un hombre debe tener siempre la sensación de que *(enfatizando la siguiente palabra)* él es el estafador… y ella, la víctima. Eso le hace feliz. *(Va hacia la izquierda y apaga la cocinilla.)*

Leo
(tras una pequeña pausa.)
¿Por qué me dice eso?

Helene
(divertida.)
¡Conversación! Lo propio cuando se toma el té. En realidad, esto le incumbe: *(con tono irónico)* usted está ahí para… consolarme. Erwin me ha confiado… a usted. *(Lleva el té a la mesa pequeña de la derecha.)* ¿Uno o dos azucarillos?

Leo
Dos, por favor. *(Se echa un poco hacia atrás porque Helene se le ha acercado mucho.)*

Helene
(le sirve, se agacha y lo roza; Leo se aparta un poco; Helene se da cuenta y sonríe.)
Es usted un hombre extraño. Usted también lo soporta todo. *(Se sienta y bebe té.)*

Leo
(seriamente sorprendido.)
¿A qué se refiere?

Helene
Tengo que decir que a mí no me pasaría esto; a mí, no.

Leo

¿A qué se refiere?

Helene

A que lo haya enviado aquí… «No puedo ir, hazme el favor de ir y de… ¡entretenerla!» Eso es todo un reto.

Leo

(mientras la escruta con la mirada.)

¿Eso cree?

Helene

Muestra lo poco que él… lo valora a usted.

Leo

Lo poco que él… me teme.

Helene

Eso es lo mismo. ¿Cree que él *(con énfasis en las siguientes palabras)* se enviaría a sí mismo?

Leo

Quizá piensa que soy más decente que él.

Helene

¿Y usted lo permite?

Leo
(con énfasis en la segunda palabra.)
Si usted tuviese una amiga que le pidiera…

Helene
(rápidamente.)
… ¿sustituirla? *(Con ojos centelleantes.)* ¡No!

Leo
Sí.

Helene
No me lo pediría una segunda vez.

Leo
¿Tampoco si no le gustase el hombre? ¿Tampoco aunque no le gustase nada?

Helene
(mirándolo a los ojos con coquetería.)
¿No le gusto… nada?

Leo
(apurado, evasivo.)
Ahora no se trata de mí. Me gustaría saber lo que usted…

Helene
(se inclina hacia atrás.)

¿Yo? ¿Si no me gustase un hombre? Dios mío, eso no es tan fácil de decir. ¿Qué significa eso: que te guste un hombre? ¿Se sabe al instante? No siempre sucede tan rápido. Nunca se puede estar segura. A veces simplemente pasa.

Leo
(preguntado con tranquilidad.)

¿Y?

Helene
(riendo.)

¡Pero no ponga usted esa cara tan terriblemente seria! Estamos hablando solo… teóricamente.

Leo

Sí. Solo… teóricamente.

Helene
(de nuevo con el tono anterior; con rapidez.)

¿Y cree usted, por ejemplo, en aquel momento, en la ópera, cuando Erwin me habló, cree usted que me gustó? ¿Así, con el famoso flechazo? Había pasado toda la noche flirteando con un joven siniestro que tenía unos grandes rizos negros, algo casi aterrador. Entonces llega Erwin, planchado, descarado, atractivo, y me habla; y pienso: ¡fatuo entrometido! Pero el joven siniestro había desaparecido, Erwin fue muy amable, me hizo reír… ¡y ya! Todavía recuerdo perfectamente la curiosidad que tenía al día siguiente cuando lo pensaba… curiosidad por saber sin con el tiempo me gustaría. Y ahora ya ha pasado un año… y es muy hermoso. *(De nuevo con el tono un poco aleccionador.)* La mayoría de las mujeres siempre creen que tiene que suceder al instante. Pero no, paciencia. Ya llegará. Y la suerte es que los hombres son demasiado vanidosos para darse cuenta. Más tarde lo reelaboran.

Leo
(pensativo, para sí.)
Si fue así, entonces… en realidad tiene razón.

Helene
(alerta.)
¿Cómo? ¿En qué?

Leo
(rechazando sus preguntas.)
Nada, una ocurrencia.

Helene
(más cortante; con el énfasis en la primera palabra.)
¿Qué piensa usted? ¿En qué tiene él razón?

Leo
A menudo discutimos. Para él, el amor es más bien un mero juego.

Helene
(rápidamente, con vehemencia.)

En su caso, no es realmente así. Solo hace como que lo es. Ante usted y… sobre todo, ante sí mismo. Lo ha leído: uno tiene que poder jugar con sus propios sentimientos. Y está también, naturalmente, el miedo a cometer una estupidez. Él piensa en su carrera. Pero si yo tuviese un tío consejero áulico en el Ministerio… *(ríe)* se casaría conmigo mañana. Y… *(divertida)* quédese tranquilo: con un… gran amor.

Leo
En el que usted no cree.

Helene
(seria, lentamente.)
Oh, sí. Claro que creo. En algún lugar lo habrá, el amor verdadero. Pero yo no me miento a mí misma. La mayoría no pueden esperarlo. Pero nadie puede forzarlo. Tengo tiempo. Tengo paciencia. No puede suceder a la primera… *(sonriendo)* ni a la quinta ni a la sexta. Pero aún soy joven, ya llegará. Y hasta entonces… también es hermoso.

Leo
Es usted una muchacha singular.

Helene
(sonriendo.)
Hago todo lo que puedo.

Leo

(lentamente.)

¿Y si ahora llegase alguien...? *(Se interrumpe y la observa, inquisitivo.)*

Helene

(le sostiene la mirada; prosigue tras una pequeña pausa.)

¿Ajá? ¿Quién?

Leo

(lentamente.)

Alguien que la acepte tal y como es y que disfrute de todo lo que usted es, también de que sea *(ligera sonrisa)* una perfecta inútil... y de toda la mezcla...

Helene

(coqueta, ofendida.)

¿Soy una mezcla?

Leo

(en voz baja, despacio.)

Alguien que sintiese una alegría profundamente humana... en que algo así exista en el mundo...

Helene

(lentamente, en voz baja.)

Sí, ese...

Leo

¿Ese?

Helene

(evasiva, sonriendo.)
Bueno, entonces ese debería estar muy feliz.

Leo

(despacio.)
¿Y usted?

Helene

(baja la mirada; en voz baja.)
Y yo... probablemente también.

Leo

(dudando, cohibido.)
¿Y cree... que entonces también usted... que también usted
para él...?

Helene

*(levanta la vista y, sonriendo, lo mira; de nuevo en un tono lige-
ro y astuto.)*
Pero, Leo, ¿quién puede saberlo? Habría que probar.

Leo

(se pone de pie y va hacia la izquierda.)
Pero si usted... Usted dice que con Erwin... que ahora para
usted es algo muy hermoso.

Helene
(con tono sereno.)
Sí. Es algo muy hermoso.

Leo
(se apoya en el aparador de la izquierda.)
Y, sin embargo, considera que es posible…

Helene
(sonriendo.)
Sí, Leo, hay de todo: hermoso… más hermoso… lo más hermoso.

Leo
¿Y usted desea…?

Helene
Yo deseo… *(Se detiene.)*

Leo
(apremiante.)
¿Usted desea…?

Helene
Siempre estamos deseando… pero nunca sabemos qué.

Leo
(hace un movimiento impaciente y va hacia atrás, al escritorio.)

Helene
(sonriendo, lo sigue con la mirada; a continuación, con un tono completamente ligero y algo burlón.)
Por cierto... Lo está haciendo muy bien. Pero, Leo, un poco más rápido, porque en cualquier momento llegará Erwin y...

Leo
(se vuelve súbitamente hacia ella; breve, brutal.)
No.

Helene
(un poco asombrada de su tono.)
¿Cómo?

Leo
(junto al escritorio, con las piernas abiertas, inclinado hacia delante, las manos a la espalda, enérgico, sarcástico.)
No.

Helene
(sorprendida, algo impaciente.)
¿Y bien?

Leo
(breve.)
Erwin no va a venir.

Helene
(se pone de pie, pero sigue junto a la chimenea.)
Oh.

Leo
He mentido. No está en la oficina. Está jugando a las cartas en el café.

Helene
(casi inaudible.)
Oh.

Leo
(va hacia la izquierda y se apoya en el aparador.)
Parece que se aburría un poco. Y por eso me dio la llave. También se la habría dado a Max o a cualquier otro.

Helene
(junto a la chimenea, con la cabeza hundida, en voz baja.)
Oh.

Leo
(mordaz.)
Es evidente que sabe qué es lo principal para usted: solo que pase algo.

Helene

(de repente, se sacude, da unos pasos rápidos hacia el escritorio y se da la vuelta; enfurecida, con un despreciativo gesto de la mano.)

Y entonces... simplemente... ¡fuera! ¡Como a una...! *(Llorando de rabia.)* ¡Puaj, puaj!

Leo

(ya arrepentido; va hacia ella intentando tranquilizarla.)

Pero, Helene, él no...

Helene

(enfurecida.)

No quería ofenderme, ¿verdad? Eso no puede ofenderme. ¡A alguien como yo! ¡Me tiene que dar completamente igual! ¡Este o aquel! ¡A alguien como yo! ¿No?

Leo

(sorprendido ante aquel arrebato.)

Helene, es una broma, él...

Helene

¡Tan poco me conoce que puede pensar algo así de mí! *(Jadeando.)* Pero ya verá... ya verá. *(Se acerca a la ventana detrás del escritorio.)* ¡Ah, me va a conocer! ¡La chica de la calle! ¡Se va a arrepentir! *(Se vuelve hacia Leo con un movimiento brusco; reprimiendo el llano.)* ¡Y usted también! ¡Nunca lo habría pensado de usted! Pero, naturalmente... para divertirse un poco... ¡con una chica así!

Leo

(en la izquierda, delante del escritorio; insistiendo.)
Escúcheme, Helene, yo…

Helene

(en la derecha, junto a la ventana; de repente, se queda comple-
tamente inmóvil; con una sonrisa malévola.)
No. Ya veréis.

Leo

Le juro que él estaba convencido de que usted se lo tomaría a
broma…

Helene

(con el mismo tono amenazante, malévolo y malicioso.)
¡A broma! ¡Naturalmente! Pero ya lo veréis, ya.

Leo

Se lo advertí. Sabía que…

Helene

Muy amable de su parte. Pero ya lo veréis.

Leo

Y permita que le explique cómo sucedió todo. De hecho…

Helene

(concisa.)

No. *(En voz alta, enérgica, como para levantar la voz por encima de otro.)* ¡No, no, no! *(Lacónica, con violencia, entre los dientes.)* No. Debo hacerlo. *(Abre de golpe la ventana e intenta tirarse.)*

Leo

(da un salto hacia la ventana, agarra a Helene y forcejea con ella; gritando.)

¡Helene!

Helene

(se defiende, quiere soltarse, lo golpea; gritando y jadeando.)

¡Suélteme! ¡Suélteme! ¡Déjeme!

Leo

¡Por el amor de Dios, Helene! *(La reduce, la arrastra lejos de la ventana y la lleva a la silla del escritorio.)*

Helene

(cae en la silla; débilmente.)

¡Ya lo veréis! *(Se hunde hacia atrás, se lleva la mano al corazón y tiembla.)*

Leo

(está detrás de ella y le pone la mano sobre la frente; aún completamente impresionado, en voz baja.)

Pequeña insensata.

Helene

(en voz muy baja.)
Estoy tan avergonzada. *(Respira; cierra los ojos.)*

Leo

(va al aparador sin dejar de mirarla con miedo, coge un vaso de coñac y se lo lleva.)
Tome, por favor. *(Sostiene el vaso mientras ella bebe.)*

Helene

(bebe con avidez.)
Gracias. *(Levanta la mirada sonriendo ligeramente, pero de inmediato la aparta, confusa; poniéndose de pie.)* ¡Por favor, ahora déjeme! Tengo que… *(Se recoge el pelo enmarañado, va despacio hacia la chimenea, se queda parada un momento, mirando fijamente hacia delante y respirando con fuerza, y a continuación se sienta.)*

Leo

(no aparta de ella la mirada, lleva el vaso de vuelta al aparador y se pone detrás de su silla; a la derecha de la chimenea; en voz baja, con delicadeza.)
¡Dar estos sustos! ¿Está eso bien?

Helene

(en voz baja.)
Estaba completamente… ¡Ya no sabía…! *(Coge su mano; en voz baja, rogando.)* Perdóneme.

Leo
(coge su mano.)
¡Perdóneme usted a mí! Lo siento mucho.

Helene
(con énfasis en la segunda palabra.)
Sí, usted... Usted es bueno.

Leo
(conmovido, en voz baja.)
Pobre, pobre pequeña.

Helene
(suelta su mano y se sienta derecha; cortante, irritada.)
No. ¿Por qué? *(Clava en él su mirada.)* ¿Por qué me compadece? *(Burlona.)* ¿Cree que fue por él? ¡Querido Leo! ¿Cree que yo lo... (con el mismo tono irónico que Erwin siempre emplea al pronunciar la palabra 'amor')* «amo»?

Leo
(con sonrisa sombría.)
Ahora ya no podrá seguir negándolo.

Helene
(ahora tiene un tono diferente, un poco más violento; se puede apreciar que se está forzando a sí misma.)
¿Porque yo...? ¡Oh, Leo! ¿No conoce a las mujeres?

Leo

(vivaz, mientras comienza a caminar arriba y abajo con su ha-
bitual actitud pensativa.)

¡Mejor que usted a sí misma! No me diga nada más. Ahora lo
tengo todo claro. *(Cada vez más contento.)* Y yo tenía razón. La
había juzgado correctamente.

Helene

(asombrada, curiosa, un poco burlona.)

¿Ajá? ¿Y qué tiene ahora tan claro?

Leo

(sin dejar de caminar arriba y abajo; ahora cada vez más ani-
mado y feliz.)

Todo, todo esto… Cómo es usted. ¡Ahora encaja todo! Es decir, él se le pega. Y, naturalmente, uno puede confundirse por
eso; esa es la solución.

Helene

(divertida.)

No entiendo ni una palabra.

Leo

Porque las mujeres no quieren admitirlo. ¡Y, sin embargo, es
tan hermoso! Esa es la esencia del amor. ¡Entregarse de tal manera que al final te acabas convirtiendo en otro! Eso era, eso
era lo que a veces hizo que me equivocase en su caso: el Erwin
en usted, en su interior.

Helene
(encogiéndose de hombros, riendo.)
¡Explíqueme qué…!

Leo
Lo supe inmediatamente: usted lo ama y… es incapaz de amar de otra forma que no sea con ese gran amor que solo él merece llevar ese nombre.

Helene
¿Lo ha sabido… inmediatamente?

Leo
(orgulloso.)
Inmediatamente, Helene. Pero entonces… entonces usted dice a veces algunas cosas, como hace un rato, que me enfurecen. Pero ahora lo sé: ¡no es usted quien las dice, quien las piensa! Es Erwin: la ha impregnado con su manera de ser burlona y juguetona. Hasta que usted misma creyó que era como él… o al menos que le gustaría serlo. Y hasta que… y esto es lo gracioso… hasta que él mismo lo creyó… y pensé que usted era lo que solamente él era, él en usted, el rastro de su poder sobre usted. Y yo también… ¡Tonto de mí!

Helene
(aún un poco burlona.)
¡Tiene usted un ojo clínico!

Leo

(con cierta vanidad.)

Intento ver un poco en el interior, bajo la superficie, en la naturaleza misma, en las profundidades.

Helene

(parodiando el tono en el que él antes la había consolado.)

Pobre… pobre pequeño.

Leo

(perturbado, de repente, en su alegría; desconcertado, se vuelve hacia ella y se queda quieto.)

¿Cómo?

Helene

No tiene ni idea.

Leo

¿A qué se refiere?

Helene

Realmente sigue creyendo, porque yo… *(señalando brevemente hacia la ventana)* antes… ¿Sigue creyendo que aquello fue por *(de nuevo con tono irónico)* amor herido? *(Moviendo la cabeza; tranquila, seria.)* No, Leo.

Leo

¿Entonces?

Helene

(despacio.)

¿No lo adivina? ¿Es tan difícil?

Leo

(inseguro.)

No sé…

Helene

(en voz baja.)

Me dolió mucho, Leo, que usted, usted… hubiese sido capaz de eso. Que también usted hubiese pensado eso de mí.

Leo

(desconcertado, con los ojos muy abiertos).

¿Y por esa razón?

Helene

Jamás lo habría pensado de usted.

Leo

(en voz muy baja.)

¿Por esa razón?

Helene

(con un tono ligeramente falso.)

No solo por eso. No. Quiero ser completamente sincera. También fue por vergüenza… Por rabia contra Erwin, contra mí misma, porque yo… me sentía terriblemente ridícula que por deber…

Leo

¿Por deber?

Helene
(con decisión.)
Por deber. Por compasión por él. *(De repente, con vehemencia.)* ¡Porque él me ama, y no debería hacerlo! *(Con firmeza, entre los dientes, riendo.)* Él me ama. ¡Ya lo verá, paciencia! *(De nuevo en el tono ligeramente falso.)* Y eso me dio pena: porque yo… sentía… que poco a poco mis sentimientos se alejaban de él… No quería, me resistí… porque me daba pena… y yo aún no sabía que… *(Se interrumpe, levanta la vista y mira, inquisitiva, a Leo.)*

Leo
(confuso, temeroso.)
¿Y?

Helene
(aparta la mirada; encogiéndose de hombros, lentamente.)
Sí. Era más fuerte. Me apartaba de él… cada vez más… *(Casi inaudible)* y me acercaba a otro. *(De nuevo en voz más alta.)* Me resistí, no quería, me daba pena… y el otro era alguien a quien él no… *(con una sonrisa)* valora mucho, como hombre, quiero decir… del que gusta burlarse un poco, de manera amistosa, naturalmente.

Leo
(herido, rápido.)
¿Cree usted… de verdad?

Helene
¿Nunca se ha dado cuenta?

Leo
(desconcertado.)
No sé… Sin duda, a veces ha…

Helene
(sonriendo.)
A veces le cuesta a usted… darse cuenta de las cosas. *(Con mirada tentadora.)*

Leo
(confuso, cohibido.)
¡Helene! ¿Entonces…? Ni siquiera puedo…

Helene
(con un tono ligeramente paródico.)
No está soñando.

Leo
(Infantilmente asombrado, mirándose a sí mismo.)
¿A mí? ¿Usted… me *(levemente, con timidez)* ama?

Helene
(sonriendo.)
Soy así de tonta.

Leo
(abre de repente los brazos y se precipita hacia ella.)
¡Helene! *(Intenta abrazarla.)*

Helene
(se agacha y lo esquiva; defendiéndose con las manos, divertida.)
Eh. *(Se va, riendo, hacia la izquierda.)*

Leo
(tropieza; avergonzado, disculpándose con torpeza.)
Dios mío, estoy completamente… Aún no puedo… ¡Y soy tan feliz, tan feliz!

Helene
(junto al aparador, a la izquierda; de repente, seria.)
No. Así no, Leo. No tan… fogoso. Vamos a tratar nuestra felicidad con cuidado. *(En voz baja.)* Usted me gusta porque no es como los otros hombres. Porque siento es capaz de entender a una mujer. Eso me ha faltado siempre. Alguien que realmente pueda entenderte.

Leo
(con sencillez y honestidad.)
Sí, eso quiero. Y sé que puedo.

Helene

(en voz baja.)

Porque usted es bueno. *(Con énfasis en la siguiente palabra.)* Usted… es bueno.

Leo

(junto a la chimenea, a la derecha; cohibido, en voz baja, mientras baja la cabeza.)

Simplemente… la amo.

Helene

(yendo muy lentamente hacia él; en voz baja.)

Sí. Y creo que… yo también, Leo. Yo también a usted. Y… de una manera diferente como hasta ahora. Creo. Quizá ahora es… Siempre lo había querido así. *(Se inclina lentamente hacia él, esperando su beso.)*

Leo

(con ternura, en voz baja.)

Helene. *(Duda durante un momento, entonces la abraza titubeante y quiere besarla, pero se aparta porque oye pasos detrás de la segunda puerta pequeña de la izquierda, en la otra habitación; se sobresalta, le hace una seña a Helene y escucha; en voz baja.)* Erwin.

Helene

(sujeta fuertemente a Leo, mira la segunda puerta pequeña de la izquierda y escucha; a continuación, serena, con un dejo de malicia.)

No importa. *(Lo besa y apoya la cabeza en su pecho.)*

Erwin
(entra por la segunda puerta pequeña de la izquierda; con el sombrero puesto, el bastón en la mano y fumando un cigarrillo; entra rápidamente, ve a Helene en los brazos de Leo y se domina.)

Leo
(con temor, se deja besar por ella sin apartar la mirada de la segunda puerta pequeña de la izquierda; entonces entra Erwin; como para protegerla, pasa un brazo alrededor de los hombros de Helene; con torpeza, abochornado.)
Hay que explicarle…

Erwin
(con tono crispado que intenta dominar.)
No es necesario. Gracias, querido Leo. *(Deja el sombrero y el bastón sobre el escritorio.)*

Helene
(se aparta lentamente de Leo; tranquila, con desenvoltura.)
Te estaba esperando, Erwin. Aún tienes aquí mi bata. Me la llevaré.

Erwin
(con brevedad, ronco, señalando con un gesto a la segunda puerta pequeña de la izquierda que da a la habitación; con actitud rígida.)
Por favor. Y también te lo puedo enviar.

Helene

(burlona.)

¿Enfadado? ¿Desafortunado en el juego? Raro sería.

Erwin

(yndo hacia ella; agresivo.)

Afortunado en el juego *(con énfasis en la siguiente frase)* ¡y en el amor! He ganado mi apuesta y... *(brutal)* me he librado de ti.

Leo

(con vehemencia.)

¡Erwin!

Erwin

(con creciente rabia.)

Eres un verdadero amigo, Leo. Nunca lo olvidaré. *(Con tono paródico, con un despreciativo movimiento de la mano en dirección a Helene y, a continuación, a Leo.)* ¡La amada! ¡El amigo! *(Riéndose burlonamente.)* ¡Ja!

Leo

(indignado.)

Si supieras...

Helene

(rápidamente, molesta, dirigiéndose a Leo.)

No. No.

Erwin

(a Helene, con sorna.)

Te felicito. ¡Por la rapidez! ¡Y por *(mirando a Leo con desprecio)* él! No es poca cosa. Mis respetos.

Leo

(enérgico, rápidamente.)

¿Sabes que ella…?

Helene

(enérgica, rápidamente, a Leo.)

No. No quiero.

Leo

(rápidamente, a Helene.)

Déjame. No hay que dejar que crea que…

Erwin

(cortante.)

¿Qué?

Leo

(de inmediato.)

Quiso tirarse por la ventana…

Helene

(gritando.)

No.

Erwin
(horrorizado, cortado; ya dispuesto a perdonar.)
Ah.

Leo
(muy rápido.)
Con la impresión inicial…

Helene
(gritando.)
¡No es verdad!

Leo
(con rabia y tono burlón, a Erwin.)
¡Así de bien la conoces!

Erwin
(mientras mira, inquisitivo y dubitativo, a Leo y Helene.)
¡Helene! ¿De verdad?

Helene
(muy rápido, cortante, burlona; a Erwin.)
¡Me conoces perfectamente! Admiro *(con el énfasis en las siguientes palabras)* lo bien que me conoces. Porque aún hoy… *(Se interrumpe y lo mira con sonrisa altiva.)*

Erwin
(con desconfianza, cortante.)
¿Qué quieres decir?

Helene

¡Justo en el último momento! No fue muy galante, pero tengo que decir que admiro lo inteligente que eres.

Erwin
(impaciente.)

¿Qué? ¿De qué hablas?

Helene
(lentamente, astuta.)

Te me has adelantado. Porque precisamente voy tenía pensado…

Erwin

¿Qué?

Helene
(lentamente, con satisfecha malevolencia.)

Romper contigo. Yo romper contigo. Pero tú fuiste más rápido.

Erwin
(gritando, arrebatado.)

¡No es verdad!

Helene

Porque de día en día sentía que ya no te… *(con tono irónico)* «amaba».

Erwin
(gritando.)
¡No es verdad!

Helene
(tranquila, encogiéndose de hombros.)
¡Si tú no me crees! Leo lo sabe.

Erwin
(con una carcajada, burlón.)
¿Sí?

Leo
(indeciso, pensativo.)
La naturaleza de las mujeres es un misterio.

Erwin
(burlón.)
Tienes razón. Y siempre son más listas.

Helene
(tranquilamente, a Leo.)
Vamos. *(Coge su sombrero y vuelve a echar una lenta mirada a la habitación.)*

Leo
(cohibido, a Erwin.)
Tienes que entender… que las cosas son así después de las explicaciones que me ha dado… que desde hace tiempo ya me… ¿entiendes?

Erwin
(con brevedad.)
No te disculpes. Lo entiendo. *(Seco.)* Casaos.

Leo
(confuso, torpe.)
¿Eso piensas? No sé… quizá…

Erwin
Ella te hará muy feliz. Tienes el talento para eso.

Helene
(a Leo.)
¿Vamos? *(Sonriendo; mirando la sala por última vez.)* Adiós, querido Erwin.

Leo
Sí. *(Busca su sombrero.)*

Erwin
(le tiende la mano a Helene, con su mismo tono.)

Adiós, querida señorita. *(Al darse cuenta de la mirada que ella pasea por la estancia.)* ¿Verdad que a veces aquí estuvimos muy bien?

Helene
(con sencillez y cordialidad.)
Sí, estuvimos muy bien. *(Suelta su mano; sonriendo.)* Pero… ahora la vida abre una nueva puerta.

Erwin
La vida tiene muchas puertas. Especialmente la tuya.

Leo
(viene del fondo con su sombrero.)
Adiós, querido Erwin.

TELÓN

Este libro se publicó
el mes de junio
del año 2025

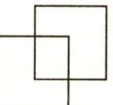